VENTE

du Mardi 10 Juin 1913

HOTEL DROUOT — SALLE N° 9

A 2 H. 1/2 PRÉCISES

TABLEAUX MODERNES

AQUARELLES - PASTELS

DESSINS

COMMISSAIRE-PRISEUR

Mʳ ROBERT BIGNON

EXPERT

M. F. MARBOUTIN

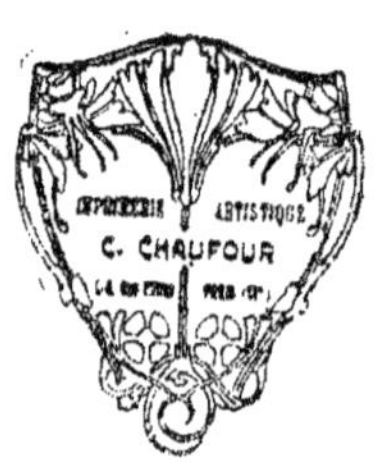

IMPRIMERIE   ARTISTIQUE
C. CHAUFOUR

CATALOGUE

DES

TABLEAUX MODERNES

PAR

Abbema (L.), Avigdor, Barillot, Baudry (P.), Boggs (Fr.)
Boudin, Burgers, Charreton, Chintreuil, Cicéri, Damoy, De Dreux (Alr.)
Defaux, Delachaux, Desjobert
Duvieux, Frère (Th.), Guillaumet, Howland, Lansyer
Le Poitevin (E.), Le Roy, Molins (A. de), Perboyre
Petitjean (E.), Quignon (F.), Richet (L.), Rosier (A.), Saïn (Paul), Schulz
Trouillebert, Vignon (V.), Ziem, etc.

AQUARELLES, DESSINS, PASTELS

PAR

Bac, Boudin, Deshayes (E.), Abel Faivre, Guillaume (A.)
Constantin Guys, Hermann-Paul, Huard
Toulouse Lautrec, Léandre, Legrand (L.), Lunois, Muraton (L.)
Ten-Cate, Thévenot, Willette, etc.

DONT LA VENTE AURA LIEU A PARIS

HOTEL DROUOT — SALLE N° 9

Le Mardi 10 Juin 1913

A 2 HEURES 1/2 PRÉCISES

M᷄ **ROBERT BIGNON**	**M. F. MARBOUTIN**
COMMISSAIRE-PRISEUR	PEINTRE-EXPERT
41, Rue de la Victoire, 41	2, Rue de Marseille, 2

EXPOSITION PUBLIQUE:

Le Lundi 9 Juin 1913, de **2** heures à **6** heures

CONDITIONS DE LA VENTE

La vente sera faite au comptant.

Les adjudicataires paieront *dix vour cent* en sus des enchères.

L'exposition mettant le public à même de se rendre compte de l'état et de la nature des tableaux, il ne sera admis aucune réclamation une fois l'adjudication prononcée.

DÉSIGNATION

TABLEAUX MODERNES

ABBÉMA (Louise)

1 — Paysage.

ATTENDU (Fr.)

2 — Casque et mousquet.

3 — Pièces d'armure.

AVIGDOR (René)

4 — Rêverie.

BAKALOWITZ

5 — La Toilette.

BANCE (Albert)

6 — Troupeau au pàturage.

7 — Vaches à l'abreuvoir.

BARILLOT (Léon)

8 — Vaches au pâturage.

BAUDRY (Paul)

9 — Amours. (Plafond).

BILLET

10 — Une rue en Orient.

BOGGS (Franck)

11 — Moulin en Hollande.

BOILLY (Joseph)

12 — Charmant coup d'œil.

BONNINGTON (École de)

13 — Le Portrait.

Signature illisible en bas à gauche.

BOUDIN (E.)

14 — Les Roches Noires à Trouville.

Étude.

BRANDT (P.)

15 — La Marne, près Charenton.

BURGERS

16 — Venise.

CHARRETON (Victor)

17 — Coucher de soleil.

CHINTREUIL

18 — Peysage aux environs de Paris.

CHOUBRAC

19 — Espagnole. Tambourin.

CICERI (Eugène)

20 — La Mare.

COESSIN

21 — La Belle au Bois-Dormant.

COROT (Ecole de)

22 — Environs de Château-Thierry.

CORTÈS (A.)

23 — Vaches au pâturage.

DAMOY (E.)

24 — Paysage aux environs d'Abbeville.

DEBRAS

25 — Nature morte.

DE DREUX (ALFRED)

26 — Lévrier poursuivi par des chiens.

DEFAUX (A.)

27 — Paysannes au repos.

DELACHAUX

28 — La Première pipe.

29 — La Lettre.

> Deux tableaux dans le mê..e cadre.
> Cadre bois sculpté.

30 — La Toilette.

> Cadre ancien en bois sculpté.

DELASALLE (A.)

31 — Le Sanatorium.

DESJOBERT (E.)

32 — Mare, près de Château-Gontier.

DUPRÉ (J.)

33 — Le Chaland. Effet du soir.

Monogramme en bas à gauche.

DUPRÉ (Attribué à JULES)

34 — Chemin à l'entrée d'un bois.

Cadre bois sculpté.

DUPRÉ (Attribué à VICTOR)

35 — La Passerelle.

DUVIEUX

36 — Venise.

ÉCOLE 1830

37 — La Fête au village.

Cadre Louis XVI en bois sculpté.

38 — Vue d'un port en Orient.

Cadre Louis XIV en bois sculpté.

39 — Paysage d'Italie.

40 — Vue de ville avec personnages.

41 — Paysage en Normandie.

42 — Vue d'Italie.

43 — Jeune femme dans un parc.

FERRY (G.)

44 — Sur la plage.

FEYEN-PERRIN (Attribué à)

45 — Temps gris.

FRÈRE (Th.)

46 — Caravane près des Pyramides. Egypte.

GANSBOGÉ (F.)

47 — Le Chariot.

GÉRICAULT (Attribué à)

48 — Chevaux à l'écurie.

GIMON

49 — Paysage.

5o — Bords de l'Oise.

GIUSTO (F.)

51 — Les Grands Boulevards.

GRANET

52 — Couvent.

GUILLAUMET

53 — Environs d'Oran.

N° 56 de la vente Guillaumet.

GUILLEMET (E.)

54 — Intérieur de ferme.

Cadre ancien en bois sculpté.

HOWLAND

55 — Le Modèle.

INCONNU

56 — Chiens de chasse.

Cadre en bois sculpté.

INCONNUS

57 — Effet de lune. Marine.

Cadre ancien en bois sculpté.

58 — Paysages, fleurs, animaux, etc.

Dix tableaux et études dans un cadre.

LABOULAYE (P.)

59 — Frisson.

LANSYER

60 — Plage sur l'Océan.

LIESER (G.)

61 — Retour du troupeau.

LE POITEVIN

62 — Pêcheurs déchargeant du poisson.

63 — Pêcheurs sur la plage.

LE ROY (J.)

64 — Jeune chat.

LYNCH (A.)

65 — Aux courses de taureaux.

MARKS (F.)

66 — Vue d'Orient.

MAROUET

67 — Intérieur oriental.

MOLINS (A. de)

68 — Aux Courses.

MOLINS (de), DIÉGO, etc.

69 — Paysages. Figures. Chasse, etc.

Onze tableaux et études dans un cadre.
Cadre ancien en bois sculpté.

MONGE (Jules)

70 — Le Renseignement.

PALMER (F.)

71 — A Robinson.

PERBOYRE

72 — Officier de la Garde. Premier Empire.

PETITJEAN (E.)

73 — La Saône à Châlon-sur-Saône.

PRÉVAL (de)

74 — Le Petit conducteur d'ânes.

Cadre ancien en bois sculpté.

PRÉVOST (N.)

75 — Paysage.

76 — Marine.

PRINS (P.)

77 — Les Meules.

QUIGNON (F.)

78 — Les Coteaux de Nesles.

REGNAULT (Attribué à HENRI)

79 — Sous la Tonnelle. Espagne.

Cadre Louis XIV en bois sculpté.

RICHET (Léon)

80 — Le Vieux puits.

RIDEL (L.)

81 — Femme couchée.

ROSIER (A.)

82 — Le Quai des Esclavons et le Palais Ducal à Venise.

ROY (A.)

83 — Général et son état-major.

SAIN (Paul)

84 — Matinée d'automne à Saint-Léonard (Sarthe).

SALA (Em.)

85 — Jeune femme sur une terrasse. Automne.

SCHULZ (Ad.)

86 — Une Mare à Barbizon.

STEPHEN (Jacob)

87 — Jeune femme au piano.

TOUDOUZE (S.)

88 — Côtes de Provence.

TROUILLEBERT

89 — Bords de rivière.

VALENTIN (F.)

90 — Cour de ferme.

Cadre époque Louis XVI en bois sculpté.

VIGNON (Victor)

91 — Vue de Meudon.

WELCH

92 — Paysage dans l'Eure.

ZIEM (F.)

93 — Paysage à Martigues.

94 — Sous les pins. Martigues.

AQUARELLES, PASTELS, DESSINS

BAC (F.)

95 — Jeune femme jouant de la harpe.
Dessin aux crayons de couleurs.

96 — Jeune femme au chien.
Dessin.

97 — Politesse insuffisante.
Dessin aquarellé.

BONVIN (F)

98 — Portrait.
Dessin à la plume.

BOUDIN (G.)

99 — Sur la plage.
Aquarelle.

100 — Vieille ferme en Normandie.
Dessin rehaussé.

BOUDIN G.

101 — La Plage de Trouville.

> Aquarelle.

102 — La Mare.

> Dessin rehaussé.

103 — Trouville.

> Aquarelle.

104 — La Prairie.

> Dessin au fusain.

CALMANT (E.)

105 — Roses et œillets.

> Aquarelle.

CHABANIAN

106 — Les Pêcheurs.

> Gravure en couleurs, signée et numérotée.

DESHAYES (Eug.)

107 — La Jetée à Fécamp.

> Aquarelle.

FAIVRE (Abel)

108 — Jeune femme avec un chien.

> Dessin à la sanguine.

109 — Sur la plage.

> Dessin aux crayons de couleurs.

110 — La Lettre.

> Dessin aux trois crayons.

GUILLAUME (A.)

111 — « Sic ».

> Trois dessins à la plume, rehaussés à l'aquarelle.

GUYS (Constantin)

112 — Promenade au bois.

> Dessin aquarellé.

113 — Intérieur de maison close.

> Dessin au lavis.

114 — Amazone.

> Dessin au lavis.

HAQUETTE

115 — Famille de pêcheurs.

> Dessin rehaussé de gouaches.

HEIDBRINCK

116 — La Lecture.

> Aquarelle.

HERMANN (Paul)

117 — Fin de repas.

> Pastel.

HUARD (Ch.)

118 — Aux Courses.

> Aquarelle.

LAUTREC (Toulouse)

119 — Au bar américain : Femme en jockey.

> Pastel.

LÉANDRE (C.)

120 — Mademoiselle Paulette Vergely.

> Portrait charge à la plume.

121 — Le Péril jaune dans la famille.

> Aquarelle.

LEGRAND (Louis)

122 — Reproches.

Dessin sur papier Gillot.

LUNOIS (A.)

123 — Danseuses espagnoles.

Pastel.

124 — Bailerinas Flamencas.

Lithographie en couleurs.

LUIGINI

125 — Canal flamand.

Gravure en couleurs, signée et numérotée.

MILLET (J.-F.)

126 — Enfants.

Croquis au fusain.

MURATON (L.)

127 — Sourire.

Pastel.

PETRA (M.)

128 — Sous bois.

Pastel.

REDON (O.)

129 — Persée et Andromède.

Gouache.

St-MARCEL (Ed.)

130 — Le Chemin.

Dessin au crayon.

SCETS (W.)

131 — Andromède.

    Pastel.

TEN CATE

132 — Canal à Rotterdam.

    Dessin à la plume.

133 — La Grand'Place à Bruxelles : Le marché aux fleurs.

    Pastel.

THEVENOT (F.)

134 — Portrait de femme.

    Pastel.

TISSET (G.)

135 — Chiens de chasse.

    Aquarelle.
    Cadre ancien en bois sculpté.

WILLETTE (A.)

136 — La Femme-Cocher ou le concours de chapeaux.

    Dessin à la plume.

137 — La Saisie.

    Dessin à la plume.

138 — Vive les vacances.

    Dessin au crayon bleu.

139 — « En Afrique, il n'y a d'autres cannibales que les blancs ».

    Dessin au crayon bleu.

ZIÈGLER (G.)

140 — Lac d'Ortat (Italie).

Aquarelle.

141 — A Nonio (Lac d'Ortat).

Aquarelle.

142 — Darsena à Omegna.

Aquarelle.

143 — Torrent de la Melchaa (Oberland bernois).

Aquarelle.

144 — Après la pluie (Marly).

Aquarelle.